L'UNIFICATION

DE

L'AFRIQUE DU NORD FRANÇAISE

PAR

Fr. BERNARD

PROFESSEUR A L'ECOLE NATIONALE D'AGRICULTURE

DE MONTPELLIER

MONTPELLIER

IMPRIMERIE ROUMÉGOUS ET DÉHAN, RUE VIEILLE INTENDANCE 5

—

1919

L'UNIFICATION

DE

L'AFRIQUE DU NORD FRANÇAISE

PAR

Fr. BERNARD

PROFESSEUR A L'ECOLE NATIONALE D'AGRICULTURE
DE MONTPELLIER

MONTPELLIER

IMPRIMERIE ROUMÉGOUS ET DÉHAN, RUE VIEILLE INTENDANCE 5

1919

L'UNIFICATION

DE L'AFRIQUE DU NORD FRANÇAISE

Par Fr. **BERNARD**

Professeur à l'École nationale d'Agriculture de Montpellier

I

Pendant la durée de la grande guerre qui vient de bouleverser et de renouveler le monde moderne, tant au point de vue polititique qu'au point de vue économique, j'ai pu utiliser les loisirs forcés que me créaient les événements, dans une série de missions économiques et agricoles, qui m'ont été confiées par les trois gouvernements de l'Afrique française du Nord : le Maroc, l'Algérie et la Tunisie.

Au cours de ces tournées d'enquête, j'ai recueilli beaucoup de faits, d'impressions de guerre, mais ce n'est pas de celles-ci qu'il s'agit ici ; ayant eu la possibilité de faire antérieurement de nombreux voyages dans ces mêmes contrées, j'ai pu tout mettre à point, et je ne donne ici qu'un tableau solide et stable de notre grande colonie africaine, considérée dans son ensemble et dans son unité géographique. Je me suis du moins attaché, dans la présente étude, à ce but fondamental, sans cependant négliger absolument les tendances, les faiblesses que révélait l'état de guerre, ni non plus l'appoint de force et de grandeur qu'apportait à la mère-patrie nos jeunes territoires d'exploitation et de peuplement français,

Cette étude m'est apparue aujourd'hui plus utile et plus importante que jamais, et il ne s'agit plus d'organiser, mais de réorganiser notre politique transméditerranéenne suivant des principes pratiques : élever une race indigène jusqu'à nous, utiliser rationnellement les ressources que nous offre le pays, en un mot agrandir la France.

II

La guerre mondiale qui agite les sociétés civilisées modernes aura cette conséquence, presque imprévue par les sociologues, que l'étendue, la valeur des territoires occupés sur la terre par les nations ne seront plus, à l'avenir, de simples éléments pour la comparaison des puissances politiques, mais, en même temps, l'affirmation absolue, et, semble-t-il, définitive de la prééminence de la loi du nombre et de ce facteur impondérable : la civilisation, sur les masses d'hommes qui peuplent notre globe. Il ne s'agit plus d'agrandir un pays par la conquête d'un territoire étranger, mais surtout de domination et d'influence sociale et économique. Et cela doit se payer, dès le début, au prix de la plus grande guerre que l'humanité ait jamais vue, de la plus formidable destruction d'hommes et de capitaux que l'histoire ait enregistrée.

Evidemment, de ce cataclysme doit sortir une humanité nouvellement ordonnée, régie par des principes nouvaux, dans laquelle les idées de justice primeront le droit de la force, et, dans lesquelles aussi, il faut l'espérer, la solidarité se substituera à l'égoïsme collectif ou individuel. Les espérances restent illimitées quoique difficiles à préciser. La morale sociale doit évoluer autant que le droit international. Mais, néanmoins, malgré l'incertitude de cet avenir souriant pour les générations futures, on peut déjà en dégager quelques traits généraux. Et la civilisation nouvelle dépendra avant tout des influences données par les grandes nations les mieux organisées, disposant de l'autorité et de la richesse. Il ne sera donc pas inutile, pour l'établissement de cet équilibre nouveau, de cette *société des nations* — dont on annonce la création avant même d'en avoir entrevu les conditions générales d'organisation et d'existence — que chacune des nationalités élémentaires qui doivent entrer dans cette combinaison de forces vives, puisse faire valoir dans ce congrès régénérateur de notre monde et distributeur de la puissance future, toute la capacité de direction et d'impulsion, d'initiative dont elle est capable. Son génie propre, son histoire, sa formation politique constitueront autant de facteurs prépondérants. Marchera-t-on vers l'unification des civilisations ? Ce serait un but bien haut, bien grand, mais un peu utopique, bien distant et éloigné de plusieurs siècles après nous.

Restons donc dans un domaine plus tangible, plus pratique; c'est évidemment la colonisation avec ses divers éléments constitutifs : l'étendue des territoires, leur richesse présente ou éventuelle, leurs populations et leur degré de civilisation qui viendra s'ajouter avec le plus de force aux influences des nations-mères, latines ou saxonnes, européennes, américaines ou même asiatiques, pour distribuer la puissance matérielle, et mieux encore les facultés de direction des masses humaines. Tenons-nous en là et essayons de fonder un jugement au point de vue exclusivement national et même strictement français.

Un inventaire statistique géographique pourrait seul nous renseigner en y introduisant les nombreux commentaires de correction qu'il comporterait tant au point de vue de la climatologie, de la géologie que de la sociologie, autrement dit en tenant compte des races, de leurs aptitudes et des richesses naturelles disponibles dans les milieux dévolus à ces populations, sur les droits politiques, territoriaux dans l'espèce, à attribuer à chaque nation dans le monde futur.

Il va sans dire que l'Angleterre, les Etats-Unis, le Portugal et le Brésil, l'Espagne, la Hollande, la Belgique, l'Italie et même l'Allemagne (dans une mesure à déterminer) seront appelés à faire valoir leurs droits de peuples libres et de races, comme aussi les Slaves, les Tchèques, ou les Arméniens, ou les Chinois, ou les Japonais. Soit bien des inconnues à dégager, des facteurs à préciser.

Nous revenons ainsi à la pure science économique descriptive : la science de la politique, celle que doit connaître et étudier sans cesse l'homme d'Etat en s'assimilant, bien entendu, tous les travaux de quelque autorité produits par les spécialistes, ingénieurs, économistes, financiers, aussi bien que géologues ou chimistes ou naturalistes. Il ne s'agit pas de faire des diplomates, des compilateurs qui passent leur vie à dépouiller des livres ou des revues, mais simplement des hommes éclairés et avertis, au courant des possibilités économiques actuelles et même éventuelles.

En dehors des règlements territoriaux européens, il n'est que logique d'appliquer au vaincu sa propre morale, le droit de la force. Et alors, ne peut-on prévoir pour l'après-guerre un partage plus ou moins complet des colonies allemandes ? une Afrique noire française, anglaise, belge et portugaise remaniée, par exemple, en vue de l'unification des territoires nationaux par la disparition des nombreuses enclaves côtières depuis la rive saharienne jusqu'à l'Equateur. C'est dans cet esprit un peu élevé, théorique même, que nous allons tenter ici l'inventaire de notre Afrique du Nord, laissant à d'autres, plus spécialisés par leurs études, le soin de faire la même enquête sur nos autres colonies : Soudan, Madagascar, Indochine. C'est la mission qui incombe à chacun des intéressés de préciser ses droits par les faits. Et l'on peut être certain d'avance que, au jour du règlement général, les Anglais ou les Japonais, pour ne citer que ceux-là, ne manqueront pas de se prévaloir des droits et avantages qui peuvent leur revenir.

Donc, tenons-nous en garde, préparons-nous.

III

Il importe, dès l'abord, de délimiter notre zone d'action politique et de gouvernement dans l'Afrique du Nord, l'Atlantide, telle qu'essayait déjà de la définir, il y a trente ans, l'un de nos géographes les plus autorisés et qui porte un nom célèbre (1), Onésime Reclus.

Evidemment la Tunisie, l'Algérie et le Maroc forment un seul pays appelé par la nature et par l'histoire à rester uni parce que rien ne les divise ou n'indique des régions distinctes ni par les intérêts, ni même par la géographie physique. Un seul obstacle

(1) Voir spécialement le grand ouvrage : *La France et ses Colonies*, par Onésime Reclus, 2 volumes 1889

— de caractère politique — subsiste à l'homogénéité de ce grand empire nord africain : le Maroc espagnol.

La convention d'Algésiras, du 7 novembre 1906, consacrait déjà la situation spéciale de la France au Maroc, mais le nouvel accord franco-espagnol du 27 novembre 1912, tout en reconnaissant le protectorat français sur l'ensemble du territoire chérifien, créait une enclave internationalisée en principe : Tanger, et une zone de protectorat espagnol sur le littoral de la Méditerranée, depuis l'embouchure de la Moulouya jusqu'au détroit de Gibraltar, y compris le territoire de Larache sur l'Atlantique. C'est une bande très étroite, il est vrai, mais riche en mines, et qui, jusqu'à ce jour, n'a pu être pacifiée par le gouvernement espagnol et est restée un foyer de piraterie, d'espionnage allemand et d'intrigues anti-françaises.

En attendant son nouveau statut, Tanger et sa banlieue, sur une profondeur de 15 à 18 kilomètres, demeurent soumis à l'autorité du Sultan sous la seule réserve : d'une part, du maintien des capitulations et, d'autre part, du protectorat reconnu à la France sur le Maroc.

Ce protectorat pourrait, en droit, être exercé à Tanger par le Gouvernement français comme dans la zone française.

Toutefois si la France, dont le représentant à Rabat est ministre des Affaires étrangères du Sultan pour le Maroc tout entier, exerce à Tanger les prérogatives auxquelles elle a droit de ce fait, elle s'est, en considération de l'article VII du traité franco-espagnol de 1912, gardée, par scrupule d'amitié, de s'immiscer dans l'administration locale. Le Maghzen y conserve donc toute son autorité et ses fonctionnaires.

Nous avons environ 2.200 Français installés à Tanger, une centaine dans les agglomérations de la zone et un millier d'indigènes algériens ; la ville compte 600 Anglais, y compris 500 Gibraltariens ; elle comptait avant la guerre 200 Allemands, disparus aujourd'hui.

La propriété immobilière appartient pour les deux tiers aux Français, soit une valeur de trente millions environ ; toutes les banques sont françaises et notre activité économique nous place au premier rang parmi les colonies européennes, avant les Anglais et même les Espagnols.

Un comité consultatif du commerce français, créé en 1909, y exerce les fonctions d'une Chambre de commerce. Un Institut Pasteur, dépendant de Paris, y assure ses services. Il y existe aussi un hôpital français dans lequel 20 lits sont gratuitement réservés aux indigènes, à côté de dispensaires pour la vaccination et même l'art vétérinaire; toutes ces institutions fonctionnent sous le contrôle du Consul de France.

La langue française est de beaucoup prédominante, grâce surtout aux écoles entretenues depuis longtemps par les missions et par l'alliance israëlite universelle; elle est la langue courante du commerce; deux journaux français quotidiens y sont publiés. La France y entretient enfin un collège récemment construit et plusieurs écoles secondaires et primaires, françaises ou franco-arabes, ou encore professionnelles.

Nous ne sommes concurrencés à ce point de vue que par le gouvernement espagnol, qui a achevé, en 1913, les grandes « Ecoles Alphonse XIII ». Notre Parlement a, de son côté, voté un crédit de 300.000 francs (novembre 1916), pour la construction de deux nouvelles écoles primaires françaises.

Un port important doit être construit à Tanger, qui deviendra tête de ligne pour le chemin de fer de Fez se ramifiant dans tout le Maroc. Ce réseau est d'ailleurs en voie de construction à l'heure présente.

Quant au Maroc espagnol proprement dit, l'Espagne n'a su rien en faire, ce sont les Espagnols eux-mêmes qui le proclament: la tribune des Cortès, comme l'Académie royale, ont retenti déjà de paroles bien désabusées. « L'Afrique, dit le député Ayuso, le 2 octobre 1916, est le cancer espagnol ». M. Maura, le leader conservateur après le général Jordana, avoue que « l'expédition marocaine est un échec »: 29 avril 1917. Le général Primo de Rivera convient, à Cadix, le 25 mars 1917, qu'il faut abandonner la zone espagnole à la France. La solution possible, logique et nécessaire est donc nettement entrevue et indiquée.

Tout récemment, en janvier 1919, le comte Romanones, premier ministre espagnol, en réponse à une interpellation, a dû reconnaître à son tour que la politique de l'Espagne au Maroc a échoué, qu'il ne trouvait personne qui consente à être haut commissaire, mais que néanmoins, la zone marocaine est d'une importance vitale pour l'Espagne. Ce n'est pas là encore l'affirmation d'un ferme propos, d'un projet bien arrêté, dicté par une nécessité ou une convenance politique.

La politique française au Maroc s'est, au contraire, révélée énergique, réformatrice, bien inspirée, de l'aveu même des Espagnols, qui ont eu bien souvent l'occasion de faire la comparaison entre la prospérité de la zone française et l'insécurité persistante de la zone espagnole.

Si quelques tribus des montagnes ou des régions désertiques n'ont pas été absolument pacifiées, réduites à l'impuissance, on sait trop bien à quels appuis, en argent et en munitions, elles ont dû la possibilité de leur résistance éphémère.

L'heure est donc venue pour nous, de refaire, de Gabès à Agadir, l'unité de l'Atlantide, de l'Afrique du nord française.

IV

La force matérielle ne peut se justifier que par la supériorité morale qui fonde le droit sur la justice. La solidarité nationale se crée bien plus sûrement par la communauté de pensée, d'aspirations que par la seule association d'intérêts. Le devoir d'éducation sociale est le premier de ceux qui incombent à toute nation coloniale et ce rôle éducateur doit passer même avant son rôle économique, une colonie ne saurait en effet être considérée seulement comme un domaine d'exploitation dont il faut tirer des profits pécuniaires sans qu'aucune obligation morale ne découle de cette domination.

Mais ce point de vue philosophique et social semble précisément être la préoccupation constante et dominante de la politique coloniale française. Et l'Afrique française du Nord, notre grande colonie la plus voisine, en tous cas la plus passionnante, nous en fournit la démonstration claire et irréfutable.

Il s'agit là, il est vrai, d'un bloc homogène, formé des mêmes éléments, dont les caractéristiques géographiques, ethnographiques et économiques ne diffèrent pas sensiblement dans les trois gouvernements, et que, ni les Romains, ni les conquérants islamites n'ont jamais divisé. Mauritanie, Maghreb, Atlantide sont un seul et même pays aussi bien dans l'histoire que dans la géographie. Qu'il nous soit permis d'insister un instant sur cette homogénéité et par voie de conséquence sur la similitude de la politique qui nous est commandée par les circonstances.

L'assimilation des trois pays : Algérie, Tunisie et Maroc n'est, en ce moment, encore inégale que par la raison que leur entrée dans le giron de la métropole remonte à des dates différentes, les faits, si dissemblables soient-ils, n'interviennent que secondairement pour expliquer leur situation actuelle tant leur évolution a été marquée par les analogies dans les causes et dans les effets.

En 1830, nous entrons en Algérie, les questions surgissent en foule, confuses, simples ou complexes, s'enchevêtrant souvent, obligeant à des études nouvelles sociales ou économiques parce qu'on ne peut les laisser sans solution : c'est l'ère ouverte des tâtonnements et des expériences. La meilleure règle que l'on puisse invoquer jusqu'en 1860, pour résoudre tous les problèmes politiques ou sociaux : colonisation, impôts, administration indigène, c'est la nécessité, par suite de la méconnaissance même des éléments en cause.

En 1881, avec la Tunisie, on entre dans une période où les mêmes questions se posent à nouveau, dans un milieu presque identique, mais les solutions sont données avec plus d'assurance, moins d'hésitation et aussi plus de rectitude.

Enfin 1911 nous amène au Maroc et l'organisation de cette troisième province musulmane se fait simplement, presque sans à-coups, sans régressions pénibles, sans froissements autres que ceux qu'entraîne fatalement la substitution d'un état de choses régulier au désordre habituel dans lequel vivait normalement une nation chaotique. L'apprentissage n'est plus à faire : c'est l'architecte qui bâtit un édifice suivant des plans et des principes arrêtés et contrôlés.

On peut donc maintenant estimer la valeur politique de nos établissements dans l'Afrique du Nord. Voici un tableau résumant les statistiques principales des trois pays d'après les relevés officiels établis antérieurement à la guerre, c'est-à-dire de 1911 à 1914, ou depuis, quand les services ont pu procéder à des recensements normaux.

INDICES ECONOMIQUES DES PAYS DE L'AFRIQUE DU NORD

	ALGÉRIE	TUNISIE	MAROC
	—	—	—
Superficie, Kq	575.200	125.130	500.000 (?)
Superficie productive, Ha ..	20.576.900	9.000.000	2.500.000 (?)
Population totale	5.493.000	1.939.087	5.000.000 (?)
— française	563.000	46.044	26.085
— étrangère	189.000	102.422	22.415
— indigène	4.740.000	1.790.611	4.950.000
Commerce extérieur :			
Importations, millions	720	144	143
Exportations, millions	533	170	49

Il faudrait compléter ce tableau, mais le moment n'est pas favorable après cinq ans de guerre; les statistiques des populations sont très confuses et, en Tunisie (!) comme au Maroc, certains groupements ne sont même pas recensés: ceux-ci par impossibilité matérielle, ceux-là par trop de tolérance administrative.

Les surfaces portant des récoltes variées en céréales, fourrages, tabac, légumes, vignes, oliviers, vergers, forêts, etc., etc., sont très imprécises — sauf pour la Tunisie — car on ne nous dit pas si les pâturages, l'alfa, y sont compris ; nous savons encore moins dans quelle mesure la jachère nue ou labourée entre dans ces statistiques et, dans tous ces pays, c'est une inconnue fort importante à préciser, en culture indigène encore plus qu'en culture européenne.

Les surfaces du steppe tellien ou des terres sahariennes qui pourraient être utilisées par le pâturage ou mises en valeur par la culture ne sont pas davantage relevées.

On pourrait aussi compléter ces données par les statistiques des chemins de fer, des routes, des ports, leur trafic, l'indication des effectifs de bétail: chiffres que nous connaissons assez approximativement. Restent les productions minières qui, elles, sont bien recensées et connues avec précision, mais que l'on ne peut apprécier exactement qu'en années normales. La théorie des probabilités serait seule applicable dans toutes ces statistiques, le moment n'est pas venu d'y recourir sérieusement.

Ces corrections, compléments ou rectifications, ne sont pas indispensables d'ailleurs pour notre argumentation et, malgré leur absence, nos conclusions n'en seront ni affaiblies, ni contestables, croyons-nous.

Ainsi, nos trois colonies transméditerranéennes forment un grand pays, une nation compacte de 1.200.000 kilomètres carrés avec une population totale de 12 millions et demi d'habitants, travaillant et se développant sous l'égide de la France, sans qu'aucune aspiration atavique ou traditionnelle vienne entraver notre influence ou gêner notre action directrice. Il s'agit donc bien d'une nouvelle province française, conquise déjà par la communauté d'aspirations et en voie d'assimilation rapide par la communauté des intérêts. La langue celte des Bretons, les dialectes spéciaux des Basques et des Provençaux ou des Corses n'ont en rien entravé l'accession de leurs pays à la plus grande France, ni porté atteinte à son unité morale et physique comme le prouve l'histoire la plus ancienne ou la plus récente.

L'ethnographie nous révèle l'origine sémite des populations importées : Arabes et Juifs, à côté d'un fonds antérieur considérable de Berbères très vaguement arabisés, dont l'origine celtique, imprécise encore, flatte l'amour-propre national, mais qui, en fait, reste l'élément travailleur le plus actif et le plus vivant de toute la Berbérie : ce fonds kabyle et berbère mérite toute notre attention, nos ménagements et nos encouragements.

Mieux ici, en Afrique, on peut invoquer des ressemblances

de divers ordres qu'en d'autres circonstances on serait tenté de négliger ou même parfois de faire valoir contre l'unification avec la métropole. Géologiquement, ce sont les terrains secondaires et tertiaires qui dominent avec de notables dépôts quaternaires, et quelques régions limitées sont constituées par des alluvions d'origine marine ou fluviale, tout comme en France.

Les terrains anciens sont rares, les crétacés supérieurs et inférieurs paraissent dominer et les quaternaires fournissent assez souvent l'assiette de plaines immenses dont le meilleur exemple est celui de la Tunisie de Sfax, dans laquelle ont été créées, avec le plus grand succès, les belles plantations d'oliviers qui couvrent aujourd'hui des centaines de mille hectares.

Par contre, les gisements métallifères, encore insuffisanmment déterminés, sont particulièrement abondants. Que vaudront l'Ouenza, le Djebel Onk, la région d'Agadir? Les hypothèses les plus souriantes sont admissibles, et peut-être même que les combustibles : lignite, houille, et surtout le pétrole, fourniront aussi de riches éléments d'exploitation : dès maintenant on en signale en assez grande quantité.

Le climat, un peu plus chaud en moyenne que celui de la France propre, n'est pas tellement différent qu'il puisse gêner l'acclimatation réciproque. Il n'est vraiment saharien que dans le sud, là où précisément la population est extrêmement rare et où les possibilités culturales semblent pour longtemps encore très limitées. La rareté des pluies : 50 à 100 cm., suivant l'éloignement de la mer ou des montagnes, ou mieux leur chute en des saisons pas très régulièrement conciliables avec les phases de la végétation, paraît dès maintenant susceptible de correction par les labours profonds ou les labours légers (dry farming) et aussi par les irrigations que l'on ne peut développer sérieusement que par la construction plus coûteuse de barrages-réservoirs partout où ils sont possibles. Au Maroc, le débit total des cours d'eau est en moyenne de 225 mètres cubes, moins que le Rhône à Genève ; pour l'Algérie, c'est moins encore et ce débit total reste inférieur à 100 mètres cubes en Tunisie. L'orientation des vallées joue d'ailleurs un grand rôle dans cette question. La *politique hydraulique* y est évidemment une nécessité, mais aucune impossibilité ne peut résulter de cette situation : ce principe est bien acquis aujourd'hui.

Et pour la végétation elle-même, l'Européen n'a guère qu'à adapter et exploiter les mêmes cultures qu'il exploite en France. A peine doit-il se plier à quelques modifications de méthodes ou à l'admission dans son exploitation de quelques éléments nouveaux : dari, arachide, palmier, etc. N'a-t-on pas adopté dans nos fermes, la betterave à sucre, la pomme de terre, le maïs, le tabac et tant d'autres cultures inconnues de nos grands-pères ?

Il en est de même pour le bétail, qui est absolument pareil au bétail français quoique de moindre qualité, sauf le chameau qui possède ses qualités et ses défauts propres. Toute cette exploitation nouvelle se réduit à quelques expériences d'adaptation, de sélection à poursuivre avec esprit de suite pendant quelques années d'observation. Qu'il s'agisse de bétail, de céréales, d'oliviers, de vignes, d'arbres fruitiers, une expérimentation préalable s'impose : mais elle est déjà largement ébauchée en Tunisie et en Algérie, un peu moins au Maroc.

Le véritable problème qui subsiste avec une gravité réelle pour la mise en valeur du pays, c'est l'exploitation des steppes : on s'en préoccupe sérieusement aujourd'hui au moins sous forme d'études et d'avant-projets. L'Etat a évidemment partout le devoir étroit de stimuler ces recherches et de les encourager.

Pourvoir ces territoires des chemins de fer, des routes, des ports qui leur sont nécessaires, aménager les forêts, reboiser, approprier les points d'eau, n'est pas plus compliqué ici qu'en France, c'est même plus simple parce que meilleur marché, ce n'est qu'une question de crédits, de personnel et, autrement dit, de méthode.

Donc, habituons les Français à considérer notre Afrique du Nord comme des anciennes provinces françaises ayant conservé jusqu'à ce jour leur individualité et leurs caractères propres, et non comme une colonie lointaine d'aptitudes différentes, ayant des intérêts différents ou divergents de ceux de la métropole. Il faudra encore évidemment quelques mesures gouvernementales transitoires pour les amener à une parfaite assimilation ; mais l'ancienne France n'a-t-elle pas connu les gouvernements locaux de la Bretagne, de l'Anjou, du Béarn, du Dauphiné, etc. ? Et cela a-t-il nui à l'unification nationale ?

L'émigration des Français de France, libre ou favorisée, fournira longtemps encore un appoint notable à leur accroissement numérique dans ces trois pays si voisins, devenus familiers, et, fort heureusement, la race française se révèle toujours plus prolifique sur cette terre africaine que sur le sol même de la mère-patrie.

La seule question qui demande une compétence et des ménagements spéciaux, c'est l'accession des populations indigènes, dirigées par l'autorité, à la pleine mentalité française. Sur ce point, les directives arrêtées par le gouvernement conservent toute leur importance, mais l'école, l'administration, le service militaire, les nécessités mêmes de la vie, l'action des colons qui graduellement s'établissent dans le pays, facilitent et simplifient grandement cette tâche, la plus noble et la plus féconde en résultats patriotiques.

Pour faire rayonner la plus grande France sur l'autre rive de la Méditerranée, il ne suffit pas, eu égard à l'ancien peuplement créé par l'histoire et les circonstances, de multiplier les colons, il faut aussi s'attacher les indigènes par un régime fondé sur l'équité. Il ne peut s'agir ici d'établir une domination politique basée sur la force, il faut avant tout une assimilation à laquelle on ne peut arriver que par la justice et une solidarité nationale qui ne peuvent résulter que d'un bon gouvernement fort et moral.

V

Il existe donc sur la rive sud de la Méditerranée un grand pays de 1.200.000 kilomètres carrés de surface, — plus de deux fois la France y compris L'Alsace-Lorraine —, qui est encore français, qui est notre lot d'avenir, non pas en tant que colonie proprement dite, mais plutôt comme territoire national, qui s'adjoindra naturellement à nos vieilles provinces, sans altérer sensiblement nos caractères traditionnels historiques, économiques et même psychiques. C'est là un simple agrandissement géographique dont d'autres nations pourraient être jalouses, mais ne comportant nulles oppositions politiques dérivant d'intérêts de races, ou de revendications historiques qui tireraient leurs origines dans un passé plus ou moins lointain. Là, la France n'a à réagir contre aucun idéal atavique contraire qui se fonderait même en apparence sur la justice ; l'histoire politique même n'a rien laissé de vivant dans la mentalité des populations autochtones qui puisse constituer un obstacle sérieux à l'assimilation française : ni causes internes, ni causes externes ne peuvent intervenir contre nous. Les anciens pouvoirs locaux, des princes musulmans, n'ont jamais fondé de gouvernements solides ou seulement prestigieux : ils sont d'ailleurs toujours restés trop faibles et trop divisés pour avoir pu créer, dans l'esprit des populations simplistes, des traditions de puissance indélébile, qui ne puissent aujourd'hui disparaître et se fondre avec un gouvernement juste et équitable ayant pour lui la force et apportant la richesse et la civilisation.

Les observations démographiques que l'on peut ajouter à ce tableau n'apportent aucun élément contraire à la francisation possible et certaine de tout ce domaine politique, où il reste d'ailleurs une immense place vacante et disponible pour un peuplement ultérieur.

Reprenons les chiffres donnés plus haut : 636.000 Français sont recensés dans les trois pays contre 314.000 étrangers, sur un total de 950.000 Européens, à côté de onze et demi à 12 millions d'indigènes, berbères, arabes, nègres et juifs. En Algérie, au moins, depuis la loi de 1889, les étrangers n'augmentent plus sensiblement en nombre, ils se fondent par naturalisation automatique dans la population française, et il apparaît aisément aux yeux de l'observateur qui étudie la question sur place que cette naturalisation n'est pas simplement administrative, mais bien réelle. C'est partout le rôle des civilisations fortes d'absorber les minorités isolées, non soutenues par la coutume de race, divisées au contraire par la diversité d'origine et happées, comme enlisées, par l'ambiance des intérêts, de la langue parlée, des obligations administratives et de la vie en commun.

Ajoutons que les croisements de races, désirables autant qu'inévitables dans ces conditions de peuplement, sont toujours plus vivaces, plus prolifiques que dans leurs pays d'origine : le coefficient de la natalité en Algérie est de 25 pour 1000 alors qu'il est de 20 seulement en France. Et l'accroissement annuel de la population considérée en bloc — indigène et immigrée — est de 57.000 habitants, alors qu'il n'est guère que de 70.000 pour toute la France continentale.

Pour la Tunisie, hélas ! nous sommes beaucoup moins bien renseignés : les déclarations d'état civil étant encore facultatives, aussi bien pour les étrangers que pour les indigènes : il reste une lacune criante, c'est même une erreur administrative inexcusable. Suivant toutes les probabilités indiquées par les statistiques incomplètes que l'on possède, l'accroissement annuel de la population tunisienne doit être compris entre 15.000 et 17.000 individus.

Pour le Maroc, l'état civil est encore à organiser, les probabilités sont pour un mouvement démographique parallèle à celui de l'Algérie, aujourd'hui que les tribus ne sont plus en luttes perpétuelles entre elles et que, d'autre part, des services de santé et d'hygiène publique ont été installés dans le bled.

Ces données statistiques, fragiles et incertaines, n'en fournissent pas moins des conclusions provisoires extrêmement favorables ; la population s'accroît d'environ 120.000 habitants par an, 100.000 au moins, dans notre Afrique du Nord ; ce qui correspond à un coefficient extrêmement élevé quatre fois supérieur à celui de la France. Et ce résultat, jusqu'ici insoupçonné ou presque, n'est dû qu'à la paix solide maintenue par notre administration depuis qu'elle gouverne ces régions, et à la richesse économique importée par nos capitaux et notre esprit d'entreprise.

En examinant cette situation, en analysant ces faits, n'est-on pas amené à considérer notre Atlantide comme un futur siège d'épanouissement de la civilisation française ? de nouveaux Etats-

Unis ou une nouvelle Argentine? Et cela avec d'autant plus de confiance que cette région de peuplement néo-latin reste à proximité du stimulant français, et prélève ses colons, non seulement dans la population aborigène arabe, berbère ou juive, sans atavisme contraire, mais encore chez les Français qui détiennent la puissance administrative, chez les Espagnols, les Italiens d'autant plus assimilables que ce sont des Latins originaires de provinces où leur langue nationale n'est pas habituellement parlée: Sicile, Sardaigne, Romagne, Andalousie, Valence et îles Baléares, et se trouve remplacée par des dialectes sans littérature; l'appoint même de quelques éléments hétérogènes n'en est que plus précieux pour stimuler la francisation, car ce rôle revient aux Maltais et aux Grecs de l'Archipel ou des côtes du Levant où déjà la civilisation française bénéficie d'un privilège de considération consacré par dix siècles d'histoire et de relations politiques et commerciales.

Tous ces éléments divers sont physiologiquement et socialement fusibles et assimilables, et ils donnent, par leurs croisements continus entre eux et avec les Français, de fervescentes populations, pas plus diversifiées, probablement moins, que celles qui constituent aujourd'hui les Etats-Unis de l'Amérique du Nord, du Brésil ou du bassin de la Plata, dans l'Amérique du Sud. Et cette régénération est achevée, l'expérience le démontre, chez les petits enfants des immigrants primitifs ou même chez les enfants directs lorsqu'ils sont passés par l'école française. Toute notre action colonisatrice — en dehors du territoire national — doit donc viser aujourd'hui à créer une grande nation néo-française dans le nord de l'Afrique.

Les conditions sont favorables, la place ne manque pas, nous n'avons plus à recourir à la guerre, à la contrainte, il suffit d'une politique suivie et méthodique dont les directives elles-mêmes sont faciles à déterminer. Notre politique méditerranéenne est toute indiquée maintenant, sachons nous y tenir. Toutefois il à lieu d'arrêter une ligne de conduite assez énergique et assez souple non seulement en ce qui concerne les principes, résumant surtout les désirs et les aspirations, mais plus encore leur interprétation et leur application dans l'art du gouvernement de la prévoyance nationale.

VI

Notre Atlantide comprend, on le sait, trois régions nettement distinctes : 1° le littoral ou Tell qui embrasse toute la région cotière arrosée normalement par les fleuves à parcours pérenne qui se jettent à la mer ; 2° la région dite des Hauts-Plateaux comprise entre l'Atlas méditerranéen et l'Atlas saharien, dont les cours d'eau temporaires se jettent dans les chotts ; 3° la zone intérieure plus ou moins désertique, essentiellement sèche.

La zone cotière très large au Maroc, très étroite en Tunisie où elle est cependant améliorée par un grand développement des rives maritimes, est la région par excellence de la colonisation européenne avec ses cultures propres et caractéristiques : blé, orge, vigne, et élevage de nos animaux domestiques : cheval, bœuf, mouton, porc. Dans cette région la colonisation se porte spontanément sous la seule impulsion de l'intérêt : c'est l'Europe, c'est la France ! C'est aussi la ferme française avec son exploitation, son mobillier, son outillage, ses méthodes. Les colons ne s'y sont pas trompés : pour eux la fusion est complète, depuis 1907, entre la Tunisie, l'Algérie et le Maroc et ils passent avec la plus grande facilité d'une province dans l'autre suivant leurs convenances ou les opportunités, mais c'est toujours l'Algérie qui reste le pays-souche des colons déjà dressés, des chefs et aussi des capitaux. Rien qui ne soit connu et étudié depuis longtemps déjà dans cette zone. De nombreuses questions sont encore à l'étude ou en expériences, deux restent importantes ; l'extension de la culture du coton dans les parties irrigables et l'amélioration de l'élevage. Pour le reste, il n'y a qu'à attendre le progrès du développement normal de la colonisation agricole ou industrielle et du peuplement.

La zone des Hauts-Plateaux, de grande altitude, dépassant normalement 1.000 mètres, sans écoulement à la mer est une région de steppes nus, déboisés dont le pâturage du mouton, de le chèvre et du chameau tire le meilleur parti : en somme, région d'élevage en grand, une nouvelle Argentine. C'est particulièrement aussi la zone de l'alfa, quoique cette graminée se retrouve au Maroc dans les régions boisées et dans les stations les plus diverses, depuis le niveau de la mer jusqu'à 1.800 mètres d'altitude.

C'est la région qu'il s'agit de conquérir aujourd'hui à la colonisation — une nouvelle colonie à ajouter à la région littorale, aux trois anciens pays déjà peuplés et exploités. — Cette conquête est facile par places, là où l'on pourra établir des irrigations par puits, barrages, dérivations et seghias, là où les boisements seront possibles, là où n'importe quelles cultures pourront réussir. Tout cela est affaire de recherches et d'expériences tant pour l'élevage proprement dit que pour les cultures.

On s'en préoccupe activement en ce moment même, mais il s'agit encore de tentatives timides, d'expériences isolées dont il faudra ensuite généraliser les résultats sur une grande échelle. Evidemment il faut réussir avant tout et il est compréhensible que l'on commence par les parties les plus faciles pour montrer ce que l'on doit faire, pour enhardir la grande entreprise et les grands capitaux.

Le Sud tunisien a déjà trouvé son orientation pour sa mise en valeur dans la plantation des oliviers, mais cette exploitation peut se généraliser encore beaucoup, surtout au Maroc, et, d'autre part, les cultures arbustives sont bien loin d'avoir donné jusqu'ici tout ce que l'on doit en attendre : il reste beaucoup à étudier et à expérimenter dans cette voie.

Avec raison on compare souvent et volontiers cette colonie nouvelle encore à créer, à l'Australie ou à la Nouvelle Zélande, les terrains de parcours formant l'essentiel des terrains d'exploitation agricole, mais cette assimilation possible reste subordonnée à l'abondance des eaux disponibles.,

Quant à la zone désertique, elle est évidemment pauvre, et on ne peut guère s'attacher qu'à rechercher et multiplier les points d'eau pour développer les palmeraies, et, sous les palmiers, faire quelques cultures alimentaires.

Il y a à se préoccuper avant tout de méthode, de vues d'ensemble et de principes : les boisements, la recherche et l'aménagement des eaux sont les premières améliorations à réaliser. Dans tous les cas où l'Etat intervient pour créer quelque chose là où il n'y avait rien, la question de droit est réglée en fait, mais chaque fois qu'interviennent des droits antérieurs, tout est difficile à réglementer. En matière d'hydraulique, en particulier, un code tout entier est à rédiger. La propriété des eaux est très contestée, souvent contestable, même quand elle est méthodiquement distribuée et méticuleusement employée comme à Fez et à Marrakech, dans la région de Tolga et Oued Djellal par exemple, ou encore dans les oasis de Laghouat, de Bou Saada, et tant d'autres, dans les jardins de Gabès, etc.

Les droits éminents de l'Etat, consacrés par les rites coraniques aussi bien que par les lois françaises, peuvent heureusement servir de base à une législation nouvelle, rigoureuse et bienfaisante. Elle permettrait, en même temps, de réglementer les puits, les r'dirs, les eaux des barrages, les irrigations, les drainages, les eaux courantes, les crues, les assecs, etc. C'est là une mesure préparatoire de la plus grande importance qui laisse entrevoir la possibilité de régénérer le pays en quelque sorte. Beaucoup de travaux de cet ordre ont été récemment entrepris, quelques-uns terminés avec succès déjà et d'autres sont en voie de réalisation.

Et la question de l'élevage en recevrait, par voie de conséquence directe, un stimulant très puissant. Or, il semble bien précisément que, à l'heure actuelle, l'élevage soit plutôt en décroissance ou en crise, malgré l'appât des prix élevés du bétail depuis une assez longue période. Et l'élevage reste toujours dépendant de ce problème, dominant dans tous les continents massifs : le régime hydraulique. Les plateaux manquent d'écoulement à la mer, les sources meurent sans donner naissance à des rivières, elles abreuvent seulement quelques cuvettes, généralement des oasis.

Dans la zone des Sahels, région bien arrosée, surtout formée de collines qui bordent le littoral méditerranéen, toutes les espèces domestiques se trouvent mélangées. La région des plaines basses

(Mitidja, Macta, Bone, Chaouia, Doukkala, Medjerda) est dans le même cas, toutefois la culture de la vigne en particulier a pour conséquence indirecte de rejeter l'élevage vers les plaines élevées, de 600 à 1000 d'altitude, qui renferment en même temps les meilleurs centres d'élevage chevalin et mulassier, et qui durant l'été nourrissent aussi la majeure partie des ovins, grands transhumants, que les chaleurs et la sécheresse chassent, en cette saison, des vrais Hauts Plateaux. Mais au Maroc la transhumance entre les pâturages d'été et les pâturages d'hiver n'a jamais été suivie avec régularité, faute de sécurité. Cette situation indique qu'il ne faut pas se hâter d'infuser un sang trop délicat à nos races africaines. Les Plateaux sont à peu près partout constitués par des steppes à répartition pluviale irrégulière et parcimonieuse, à sol argilo-siliceux portant une pauvre végétation naine et arbustive dont les seuls ovins et les chameaux peuvent tirer parti. Les massifs montagneux renferment la presque totalité du troupeau caprin. En général, les meilleurs animaux sont à l'ouest, vers l'Oranie et le Maroc, les moins bons à l'est, vers Constantine et la Tunisie, cela est vrai pour les bœufs comme pour les moutons, sauf rares exceptions telles que la race bovine de Guelma.

Les chameaux et les chèvres partagent avec les moutons les dures conditions d'existence des steppes du Sud et des Hauts Plateaux. Ils ne sont l'objet d'aucun soin et ne se différencient de l'état sauvage que par leur sociabilité et leur soumission. Durant leur vie, ils ne donnent lieu à aucun commerce extérieur. Les peaux de chèvres fournissent un gros appoint à l'exportation pour la ganterie, surtout au Maroc. Le chameau joue encore un grand rôle comme animal de transport.

Bien entendu il n'est donné ici que des aperçus de caractère très général et les chiffres des effectifs pas plus que les données zootechniques ne sauraient fournir une précision qu'ils ne comportent à aucun degré. Mais il s'agit néanmoins d'effectifs et de valeurs considérables.

Les surfaces sur lesquelles peut s'exercer le pâturage sont immenses, mais élastiques pour les statistiques administratives suivant les pluies tombées dans l'année, en saisons favorables, les étendues prises par la charrue, les points d'abreuvage, etc. Ces surfaces sont mal connues et mal précisées par conséquent: elles peuvent varier pour toute l'Afrique du Nord entre 500,000 et 800.000 kilomètres carrés. Ce sont presque partout des pâturages pauvres, assez bons par places limitées où ils peuvent porter jusqu'à deux moutons par hectare, mais fort dénudés dans la majorité des cas, où ils n'arrivent pas à nourrir un mouton par hectare. Jusqu'ici l'indigène seul sait s'accommoder de cette vie pastorale et les Européens n'y prennent à peu près aucune part, même à titre d'entrepreneurs; on peut citer quelques exceptions, mais l'insuccès a été la règle économique de ces tentatives.

Dans les régions telliennes, le mouton vit au contraire fort bien et prospère avec la culture française qui a plus que triplé ses troupeaux depuis trente ans.

L'élevage du porc est à signaler à part, il est pratiqué spécialement par les Européens, les prescriptions coraniques l'interdisant aux indigènes, quoique au Maroc il ne soit l'objet d'aucune répulsion spéciale. On élève le porc en pâturage libre dans les forêts prises en location, surtout, où il se nourrit des glands du chêne, ou de pauvres terrains de parcours où il se nourrit exclusivement de racines et de tubercules riches en matières amylacées. La Kroumirie, la région de Bône et le Maroc atlantique sont à signaler en première ligne comme se livrant intensivement à cet élevage.

	Tunisie	Algérie	Maroc
	—	—	—
Chevaux.......	37.000	22.000	96.544
Mulets.........	10.000	180.000	42.420
Anes..........		280.000	255.628
Bœufs.........	250.000	1.107.593	877.640
Moutons.......	1.147.000	8.810.739	4.715.371
Chèvres	521.912	3.847.801	1.511.004
Porcs	10.000	112.000	39.116
Chameaux.....	146.500	184.808	84.118

Ces effectifs sont loin d'être comparables à ceux des élevages australien et américain auxquels on est tenté de les comparer.

Le milieu physique est évidemment moins favorable, mais l'indigène musulman est un mauvais éleveur, et pendant les années sèches son troupeau décroît dans des proportions fantastiques, parce qu'il est fataliste, parce qu'il n'a pour son bétail ni abris ni réserves fourragères, alors qu'il en voit cependant le rôle fécond et préservateur chez les colons européens.

En cette matière on ne peut escompter qu'une évolution lente et pénible, dans laquelle l'action gouvernementale énergique et méthodique devra être prépondérante.

Dans la région des hauts plateaux de Tanger jusqu'à Tripoli, à travers le Maroc, les trois départements algériens et la Tunisie, s'étend la *mer d'Alfa* bornée au nord par les forêts de la lisière du Tell, et, au sud, par les terres sahariennes : Colomb, Laghouat, Biskra jalonnent cette limite du sud-ouest vers le nord-est, puis la zone s'incline de nouveau vers le sud-est, en Tunisie, en contournant le chott Djerid, pour atteindre le sud tunisien. Pour l'Algérie spécialement une carte fort bien dressée par le docteur Trabut et publiée par le gouvernement général en 1917, indique très clairement cette zone de l'alfa. Mais en général elle est mal délimitée quoique cependant on lui attribue — évidemment sans précision, car il ne s'agit pas d'une plante cultivée, mais au contraire d'une végétation spontanée — une surface de huit millions d'hectares sur laquelle cinq millions d'hectares sont attribuées à l'Algérie. Cette surface est loin d'être toute exploitée.

L'alfa craint l'humidité et ne supporte guère plus de 50 centimètres de pluie annuelle et, en raison même du climat, il est plus rare au Maroc qu'en Tunisie.

L'alfa possède les qualités essentielles d'une remarquable matière première, abondance des gisements exploitables, simplicité d'exploitation, uniformité de qualité et de rendement ; la préparation industrielle seule peut présenter quelque aléa. Cette précieuse graminée a pour principal usage la fabrication du papier, mais on l'utilise aussi pour la sparterie, la fabrication des jouets, dans la carrosserie automobile, la chapellerie et la vannerie, l'alfa donne des cartons de grande résistance, faciles à modeler sous toutes les formes.

Depuis 1862, les navires anglais qui apportent la houille en Algérie s'en retournent chargés d'alfa, réduisant ainsi au minimum les frais de transport, et l'exportation, sous ce régime, est passée de 4.000 tonnes en 1864, à 32.000 tonnes en 1869, à 54.000 en 1871, 72.000 en 1904 et 85.000 tonnes en 1910. L'Angleterre est d'ailleurs restée le principal consommateur d'alfa, et de beaucoup : l'Espagne, la Belgique, l'Autriche, le Portugal viennent ensuite et pour des quantités peu importantes ; la France ne vient qu'au dernier rang.

Le rapport annuel du gouvernement algérien (1917), nous dit aussi : « On sait que sur le million de quintaux qu'exporte l'Algérie en année moyenne normale, les 9/10 au moins sont dirigés en Angleterre ». Il est bien évident qu'il y a à se préoccuper dès lors de deux questions connexes : ouvrir des débouchés en France pour ce produit, créer en Algérie même des usines pour le traitement de cette graminée industrielle.

L'exportation moyenne à la veille de la guerre donne les chiffres suivants : Tunisie 56.000 tonnes sur lesquelles 50.000 tonnes pour l'Angleterre et 4.000 pour la France ; Algérie 105.000 tonnes pour l'Angleterre et 5.000 pour la France.

On affirmait, sur la foi d'anciens rapports, que la pâte d'alfa, ne devant pas être séchée pour conserver toutes ses qualités, devait être transportée renfermant encore de 37 à 40 o/o d'eau, le rendement de l'alfa en pâte étant voisin de 50 o/o, les frais de transport devenaient spécialement onéreux. Sur ce point les techniciens et les fabricants consultés en France ont affirmé qu'il était possible de comprimer la pâte jusqu'à 15 o/o d'eau seulement, limite qu'il n'est pas pratique de dépasser, mais qui suffit à diminuer considérablement les frais de transport.

Par ailleurs, la fabrication française du papier n'a pas jusqu'ici grand intérêt à employer l'alfa car elle produit surtout des papiers communs ou des papiers de grand luxe et l'alfa convient au contraire à la fabrication des produits intermédiaires : papiers pour éditions de musique et pour éditions courantes, qui doivent prendre très bien l'impression.

Des expériences et une propagande appropriée sont donc à poursuivre simultanément en cette matière.

Les grands ports d'exportation de l'alfa sont Arzeu et Mostaganem en Algérie, Gabès, Sfax, Sousse, La Skira en Tunisie. Cette exploitation reste d'ailleurs solidaire du développement du réseau des voies ferrées sur les Hauts Plateaux et dans tout l'arrière-pays : la Tunisie du sud, la région de Géryville-Méchéria nous le démontrent amplement, et l'arrière-Maroc n'attend que ce stimulant pour activer à son tour cette exportation.

La cueillette est faite par les indigènes et les Espagnols de juillet à octobre. Et on a calculé que pour recueillir 100.000 tonnes d'alfa, il faut 7.000 ramasseurs travaillant dix heures par jour en travail ordinaire.

Il s'agit, on le voit, d'un grand produit de grand intérêt qui doit alimenter un gros trafic maritime et ferroviaire, et, en même temps, favoriser la création d'une puissante industrie jusqu'ici à l'état d'ébauche en France.

Il est vraiment curieux, autant que regrettable, que l'Algérie elle-même et, à son défaut, la métropole, n'aient pas encore pu ou su s'organiser pour retenir et développer les industries de l'alfa. On s'en préoccupe aujourd'hui, — un peu tardivement —, mais il reste un très gros effort à faire, une petite révolution industrielle ; allons-nous par négligence nous avouer impuissants et nous laisser supplanter par les étrangers, alors que la matière première nous appartient et que la main-d'œuvre, pas plus que l'outillage ne peuvent nous faire défaut ?

VII

Dans toute notre Atlantide, se posent toujours les deux mêmes questions : 1° la mise en valeur du territoire qui n'est qu'un problème économique soluble par une bonne administration, et l'appel des capitaux ; 2° l'accession des populations à notre civilisation qui est bien aussi un problème administratif, mais surtout social et combien plus délicat ! pour la solution duquel nous ne trouvons qu'un obstacle fondamental : les interprétations coraniques des formations sociales dans l'Islam, d'après Mahomet. A remarquer que les Israélites , autres Sémites orientaux, d'origine bien plus ancienne, sont parfaitement assimilables, il n'y a donc pas à désespérer. Les musulmans se laissent bien prendre par la civilisation occidentale, par l'intérêt, mais il reste deux questions de statut personnel sur lesquels ils semblent peu disposés à suivre notre impulsion : la femme voilée et confinée dans sa maison avec peu ou pas de liberté et d'instruction, l'héritage. Comme il s'agit de religion — toute la vie sociale est absorbée par la religion dans l'éducation musulmane — les doctrines morales seront difficiles à refaire sur ce point. On trouve bien de ci de là une petite minorité d'esprits moins timorés que les autres, qui conviennent de la nécessité d'une réforme, mais tous sont arrêtés jusqu'ici par la crainte de se singulariser parmi leurs congénères. On ne viendra à bout de la résistance latente que par une sorte de révolution dans les mœurs, qui se produira automatiquement le jour où les indigènes seront submergés par notre civilisation et cela arrivera, quoi qu'ils en aient, dans l'espace d'une ou deux générations, malgré l'opposition à prévoir des puristes traditionnels et des dévots.

Déjà, en Tunisie, les services économiques indigènes, créés administrativement en 1913, mais dont l'origine première remonte à 1908 exactement, tentent de familiariser les indigènes avec la vie économique moderne, aidés en cela inconsciemment par les entreprises privées de travaux, les quelques usines que les circonstances ont fait créer, huileries, minoteries, exploitations des chemins de fer, des postes, entretien des routes, etc.

Ils sont organisés sur les bases suivantes :

1° L'enseignement scientifique élémentaire est donné à l'école primaire.

2° Un enseignement professionnel et complémentaire est donné aussi à l'école primaire là où la région le comporte.

3° L'apprentissage professionnel est post-scolaire. Il a été surtout organisé dans les centres industriels.

Les services économiques indigènes s'attachent à tirer les indigènes de la vie contemplative qui a toujours été la leur et à leur inculquer l'activité et le goût du travail, dont la compensation est toute trouvée : le revenu qu'apportent les salaires et l'adoucissement des conditions mêmes de l'existence.

On s'est attaché à relever les industries d'art indigène : les tapis de Kairouan, la céramique et la poterie de Nabeul, les autres industries ayant une certaine notoriété et une vertu éducative telles que menuiserie artistique, cuirs ouvrés, cuivres martelés et ciselés, plâtres fouillés ou trucages. L'agriculture, la pêche et la navigation aussi bien que le commerce et l'enseignement féminin y ont trouvé leur compte. Un résultat précis au moins est à signaler : jusqu'à l'ouverture des hostilités la Tunisie exportait ses peaux et importait les cuirs, sous la pression des nécessités les tanneries se sont développées et le pays produit dès maintenant à peu près tout le cuir qui lui est nécessaire.

L'enseignement agricole post-scolaire, les conférences en arabe vulgaire faites les jours de marché sur des sujets pratiques, la publication de petites notes pouvant servir d'instructions et de mementos, la création, en 1914, d'une école d'agriculture indigène à Depienne, près Tunis, où sont instruits chaque année cinquante jeunes gens des notions pratiques élémentaires et qui a obtenu un plein succès, ont été les premières manifestations de ce service. J'ai pu voir en outre, à Tunis au moins, des ateliers dans lesquels étaient formés des ouvriers de corps d'état dressés à l'emploi de l'outillage moderne, et mieux encore, des ateliers où des jeunes filles et des jeunes femmes travaillaient sans voile avec des machines à coudre ou tricoter à faire des vêtements, de la lingerie, des lainages pour le public, pour les magasins de la ville. Les salaires qu'apportent dans les familles les ouvriers et ouvrières, l'habileté professionnelle acquise plaident plus puissamment que toutes les conférences possibles en faveur de l'institution.

Mais il a fallu aussi parallèlement se préoccuper de former un personnel enseignant spécial pour étendre et généraliser le service. De là tout un organisme administratif qui fonctionne très bien aujourd'hui.

La grande industrie n'est pas née encore en Afrique — on ne

peut guère citer que le tabac, la minoterie et l'huilerie, comme industrialisés jusqu'ici —, elle s'insinuera dans la vie économique, avec de grands moyens d'action, une machinerie puissante, par les industries alimentaires, frigorification, conserves, distillations diverses. Dans une vingtaine d'années, ce pays pourra nous envoyer de la viande, de l'huile, de la farine, du papier, mais pas avant. La transformation est déjà commencée par les huileries de Sousse et de Kabylie, le frigorifique de Maison-Carrée, les minoteries d'Ebba-Ksour, de la Mitidja, la tonnellerie, la distillerie de Fouka, etc. Les petits ateliers familiaux, à outillage restreint, resteront longtemps encore la règle, comme à Kairouan, à Nabeul, à Tlemcen, à Fez, dans les souks urbains ; toutefois, le développement minier du pays pourrait, à ce point de vue, apporter des transformations radicales et imprévues.

La colonisation n'est pas seulement un fait instinctif, elle est liée, par ailleurs, à une foule de concomitances ou de progrès solidaires les uns des autres, qu'il faut suivre simultanément. Et ici les données du problème sont telles qu'il faut éduquer une race autochtone, — encore fruste —, en même temps qu'il faut étendre l'emprise de la mère-patrie et des races latines par l'introduction des hommes et l'apport de capitaux. L'entreprise est donc double : sociale et économique, bien qu'elle puisse se résumer, en définitive, en une simple évolution touchant la nature et les hommes sous le contrôle et, parfois aussi, la direction des gouvernements. Car, en pratique, l'administration est toujours largement intervenue — en Algérie — pour activer le peuplement français spécialement, au lieu de laisser l'initiative privée livrée à elle-même, et ses efforts ont certainement donné d'excellents résultats, tant au point de vue de l'exploitation agricole du sol, qu'en ce qui concerne la pêche maritime, notamment. Ni en Tunisie, ni au Maroc, elle n'a fait acte d'ingérence autrement que par l'intervention inéluctable de ses fonctionnaires et de son armée.

La colonisation libre a été peut-être lente, mais moins qu'on ne l'a prétendu, et elle a toujours procuré au pays les capitaux qui devaient être investis dans les entreprises conçues par elle pour la mise en valeur de ces régions nouvelles. L'activité de la colonisation libre est essentiellement variable avec les conditions économiques, générales et particulières des pays qui fournissent les colons aussi bien que des contrées qui les reçoivent. La crise phylloxérique s'est répercutée en balance entre le vignoble français et la plantation des vignobles algérien et tunisien : émigration dans le Languedoc, immigration en Algérie ; la Tunisie du nord a été à la mode parmi nos capitalistes, comme l'est le Maroc depuis une dizaine d'années, pour la création de grands domaines à céréales et d'élevage. La plantation des olivettes du sud tunisien a correspondu également à un courant de mode créé par des hommes d'initiative servis par une propagande intelligente. Que l'on juge aujourd'hui de ces entreprises assez avancées pour qu'on puisse les apprécier, et l'on verra que, dans l'ensemble, la vigne, l'olivier et l'élevage, aussi bien que les grandes cultures de céréales, n'ont pas été un mirage et ont tenu leurs promesses. Les sociétés capitalistiques elles-mêmes ont, de leur côté, en majorité, réussi à tenir leur rôle de précurseur de la colonisation définitive sans semer des ruines ou des déceptions, — quelques-unes ont même fort bien réussi, soit à préparer l'arrivée des colons exploitants par le défrichement des terres vierges, soit à créer des barrages ou à faire des drainages, soit, enfin, à faire des plantations comme dans le sud tunisien.

Il n'est pas question ici des concessions minières qu'il faut étudier en détail pour être précis et qui sont commandées par les gisements, connus ou indéterminés, mais qui sont toujours un puissant stimulant de la colonisation parce qu'elles appellent beaucoup de main-d'œuvre.

En toutes circonstances, d'ailleurs, le gouvernement général ou les gouvernements locaux sont qualifiés pour intervenir dans les concessions de toutes sortes, dans les travaux publics, le tracé des voies ferrées et des routes, et, mieux encore, dans la détermination des emplacements des nouveaux centres de colonisation, dont quelques-uns sont imposés par les circonstances, les chemins naturels, comme Philippeville, Casablanca, Affreville, Kénitra, et d'autres heureusement choisis comme Bel-Abbès, Zemmora, Vialar, Saïda, Soukharas.

Il faut peu d'hommes, il est vrai, pour faire œuvre coloniale, il faut la puissance et l'intelligence de la direction. La suprématie dans l'évolution humaine restera toujours à l'idée et non à l'intérêt, la satisfaction des besoins intellectuels finit toujours par primer celle des besoins matériels. La naturalisation volontaire ou automatique agit plus rapidement lorsque l'ambiance crée la nécessité d'une nationalisation nouvelle. Toutes ces affirmations sont des faits d'expérience qui ont été démontrés par l'histoire à toutes les époques.

Mais il n'est pas sans intérêt de remarquer encore que pour les deux régions intérieures de notre domaine atlantidien, le développement des voies ferrées sera un grand et précieux stimulant en facilitant les approvisionnements et l'écoulement des produits ; on ne souligne pas assez, dans les comptes-rendus administratifs, qu'aucun chemin de fer de pénétration n'est en déficit après quatre ou cinq ans d'exploitation et, d'autre part, que la plupart des lignes ainsi ouvertes deviennent d'excellents adjuvants pour le gouvernement lui-même : ce sera le cas sûrement des lignes de Géryville et de Djelfa-Laghouat, qui sont dans le domaine des possibilités prochaines. C'est un fait bien établi par l'expérience que les voies ferrées sont les chemins habituels de la progression des colons et de leurs entreprises. Développer les voies de communication c'est développer la colonisation : ce principe n'est plus contestable aujourd'hui, pas plus en Atlandide qu'au Canada, en Australie ou en Argentine.

La Tunisie est largement desservie dès maintenant par un réseau de voies ferrées, à mailles serrées, qui doit son principal essor aux puissants gisements de phosphates de la région de Gafsa, Metlaoui et à l'abondance des mines exploitées en des points divers. D'autres lignes dues aux mêmes causes sont en construction pour desservir le Djebel-Onk et l'Ouenza. Le Maroc, en cette matière, est beaucoup moins avancé pour des raisons diplomatiques et parce qu'il est tard venu dans notre orbite : son réseau à voie Decauville doit disparaître complètement pour faire place à la grande voie générale d'Agadir, Casablanca, Tanger, Fez, Oran, Alger, Tunis et à un réseau secondaire d'intérêt spécialement marocain. Sur cette question du moins, tout le monde est d'accord, il faut agir le plus vite possible.

Quant au réseau des routes, il est assez avancé en Algérie et en Tunisie, moins naturellement au Maroc en raison des circonstances. Il suffit de le mentionner, ce n'est plus qu'une question de crédit et de méthode.

La seule route internationale à mentionner, présentant un intérêt pressant, est celle qui doit unir, à travers le Sahara, la Méditerranée à Dakar, point de transit qui s'impose pour l'Amérique du Sud. Son terminus atlantidien peut être Tanger, Oran ou Alger suivant les points de vue auxquels on se placera, mais en tous cas, il est d'intérêt primordial d'en faire une ligne à grand trafic, à voie large, disposant d'un matériel puissant et confortable.

VIII

Reste à envisager une dernière question, qui n'est pas la moindre pour une certaine catégorie de doctrinaires ou d'intéressés : le gouvernement de la colonie unifiée. On fait facilement et instinctivement un saut dans l'inconnu, et l'on se lance tout de suite dans la conception d'un gouvernement, unifié, lui aussi, dans ses méthodes, et centralisé, lorsqu'on songe à l'organisation administrative de la nouvelle Atlantide. Nous en sommes assez généralement restés aux principes de la Révolution française, et l'on oublie aisément les quatorze siècles d'histoire qui l'ont précédée, on néglige la situation du gouvernement de l'Angleterre, la constitution de l'Allemagne ou de l'Autriche-Hongrie, — avant ou après la grande guerre. — Rien n'est en fait moins unifié que le gouvernement des peuples : pour arriver à l'unification il faut y tendre par des siècles de vie commune ou n'avoir à tenir compte du passé à aucun degré, ou établir un gouvernement nouveau pour des populations à mentalité uniforme à intérêts uniques. Le maintien d'un sultan au Maroc, celui d'un bey en Tunisie, ne sauraient porter atteinte à l'homogénéité de l'Afrique du Nord, en tant que pays d'administration. Mais ces deux faits dicteraient évidemment certaines réserves, imposeraient certains organes dans la distribution du pouvoir ou même commanderaient certains ménagements, certaines différences dans l'application des mesures reconnues utiles et décidées dans l'intérêt même des habitants, car on se trouve fréquemment dans l'obligation de tenir compte des situations acquises et de ménager les transitions par des méthodes appropriées à chacun des éléments visés par les mesures nouvelles. Tout cela ressort d'une simple analyse des contingences présentes de la politique intérieure nord africaine.

Un gouverneur général, siégeant à Alger, assisté par un Parlement local ayant le pouvoir de légiférer sur les questions atlantidiennes : le statut indigène et européen des populations, les impôts, les emprunts, le budget général, n'empêcheraient aucunement de garder un résident à Tunis et un autre à Rabat, contrôlant politiquement les gouvernements locaux, avec tous les égards et les honneurs que l'on peut et doit accorder à un bey et à un sultan qui continueraient à régner sous la tutelle française ; les pouvoirs, les conseils locaux, régleraient également dans leurs circonscriptions, les taxes locales, surveilleraient la police régionale, la gestion des municipalités, des djemaias indigènes, des caïds, etc. A mesure que s'accroîtraient les intérêts généraux par l'identification des méthodes de gouvernement, diminueraient l'initiative et le contrôle des autorités régionales. Et cela, sans à-coups, avec parfois quelques légères querelles de compétence administrative seulement, mais sous la tutelle impartiale et autorisée du Parlement français, en dernier ressort.

On pourrait commencer par unifier les méthodes et le personnel du gouvernement, les tarifs des douanes, le régime juridique de la propriété foncière, la législation minière, l'enseignement classique et professionnel, fixer les bases du régime hydraulique dont il est question plus haut, et de même poursuivre avec des vues d'ensemble bien étudiées l'établissement d'un réseau de chemins de fer et des ports de commerce d'intérêt général, sans parler de toutes autres questions qui pourraient surgir éventuellement.

Nous ne parlons pas d'autonomie ni de dominion que d'aucuns pourraient appréhender comme portant atteinte à l'unité nationale. Rien de tel n'est à prévoir ici en raison même de la proximité du pays envisagé. Les conséquences en seraient d'ailleurs bien anodines.

Et pour conclure, quels seraient les avantages de cette unification ? Il est facile de les énumérer. Simplification considérable de notre politique coloniale tant au regard de notre gouvernement central qu'en ce qui concerne les administrations locales ; simplification de notre politique extérieure en supposant définitivement supprimées par le grand congrès international qui siège en ce moment à Paris, les hypothèques diplomatiques qui pèsent encore sur la Tunisie et sur le Maroc. Cette double simplification comporte en soi plus d'aisance, de clarté et de facilité. Sans compter que la création d'une nouvelle grande nation française sur la Méditerranée ajouterait au prestige de la France une auréole de grandeur qui se traduirait en autorité dans le monde politique prochain.

Et la réforme proposée n'exige aucun bouleversement, aucune lutte, aucune contrainte : c'est une œuvre facile qui s'impose aux yeux les moins clairvoyants.

L'unification de l'Atlantide doit naître de l'évolution politique et économique, mais logique de tous les problèmes, de tous les intérêts en cause. Il ne s'agit pas d'improviser dans le vide, il s'agit uniquement de prévoir l'avenir de la France transméditerranéenne.

www.ingramcontent.com/pod-product-compliance
Lightning Source LLC
LaVergne TN
LVHW020307230826
846091LV00006B/2581
9782019937829